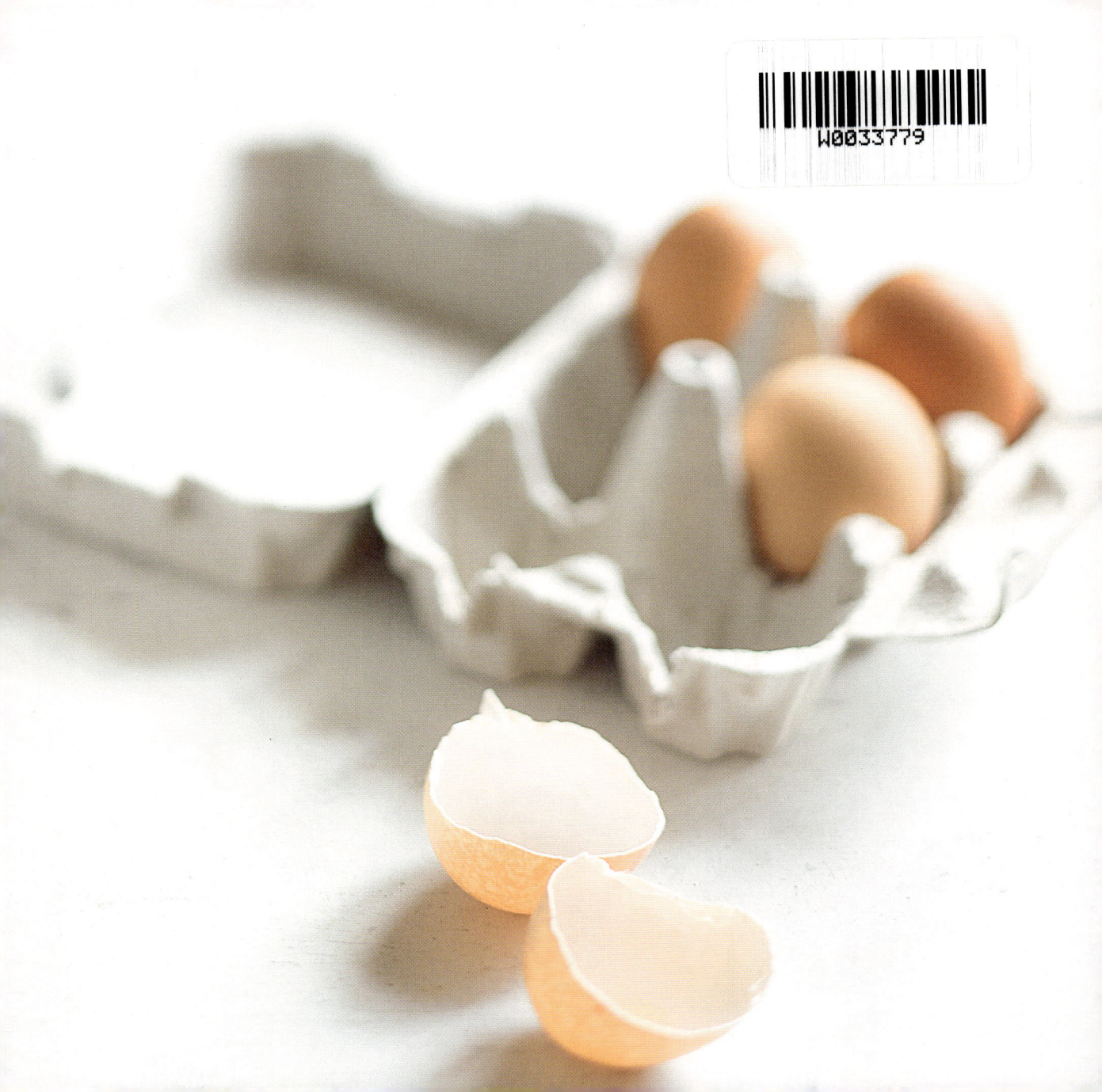

HERZHAFTE
Mug Cakes
5-MINUTEN-SNACKS
FÜR ZUHAUSE UND BÜRO

Élise Delprat-Alvares

Inhalt

Schnell einen Mug Cake zum Abendessen!

Die Mug Cakes sind wieder da, um alle Leckermäuler zufriedenzustellen, die es eilig haben – dieses Mal in der **herzhaften Variante.** Mit diesen kleinen herzhaften Kuchen, **die innerhalb von 5 Minuten fertig** sind, haben Sie eine komplette Mahlzeit, ob für eine Person, für die ganze Familie oder für Freunde, einfach so auf die Schnelle oder auch richtig geplant.

Klassisch oder als exotische Variante mit Meeresfrüchten, Fisch oder vegetarisch, folgen Sie dem Trend und nehmen Sie diese Rezepte in Ihr Kochrepertoire auf: **Sie brauchen nur eine Mikrowelle und eine Tasse!**

Immer noch skeptisch? Unterschätzen Sie den Mug nicht und lernen Sie auch, eine Mini-Version zum Aperitif zuzubereiten. So verblüffen Sie Ihre Gäste, ohne es zu übertreiben!

Sind Sie bereit? Entdecken Sie **30 Originalrezepte,** mit denen Sie lernen, diese betörenden kleinen Kuchen zu zähmen, von denen alle Welt spricht ... und um süchtig danach zu werden!

Mug Cakes Sonnenstich

GETROCKNETE TOMATEN, OLIVENPASTE, BASILIKUM UND MOZZARELLA

**Alle Sommerklassiker in einer einzigen kleinen
Tasse vereint: Applaus!**

Zubereitung: 5 Minuten

Backzeit: 1 Minute 20 Sek (800 W)

Für 6 kleine Tassen

• 2 Eier

• 2 Petits-suisses, alternativ
40 g Crème fraîche & 20 g Frischkäse

• 3 EL schwarze Olivenpaste

• 4 EL getrocknete Tomaten, fein
gewürfelt

• 2 TL Parmesan, gerieben

• 6 Basilikumblätter, mit der Schere fein
geschnitten + 2 Blätter zum Dekorieren

• 40 g Mozzarella, klein geschnitten

• Salz und Pfeffer aus der Mühle

1. Die Eier in einer kleinen Schüssel verquirlen und mit dem Frischkäse aufschlagen. Die Olivenpaste, die getrockneten Tomaten, den Parmesan und das Basilikum zugeben. Die Masse mischen, abschmecken, erneut mischen, auf 6 kleinen Tassen verteilen und diese jeweils zu drei Vierteln füllen. In der Mikrowelle 1 Minute backen.

2. Auf jeden Mug Cake einige Stückchen Mozzarella legen und erneut etwa 20 Sekunden backen.

3. 5–10 Minuten abkühlen lassen und mit Basilikumstreifen bestreuen.

AUCH GUT: *Ihr Bikini wird es Ihnen danken, wenn Sie Frischkäse mit 0 % Fett verwenden!*

BESSER NICHT: *Frische Tomaten, da sie beim Backen zu viel Wasser ziehen.*

Mug Cakes mit Pesto und Pinienkernen

PESTO, PINIENKERNE UND PARMESAN

Pesto und Pinienkerne – da stellt sich sofort ein Sommerfeeling ein, ähnlich wie beim Gesang von Zikaden … Aber zum Glück ohne Ameisen

Zubereitung: 5 Minuten

Backzeit: 1 Minute 20 Sek (800 W)

Für 6 kleine Tassen

- 2 Eier
- 2 EL flüssige Sahne
- 40 g Mehl
- ½ TL Backpulver
- 2 EL Parmesan, gerieben
- 3 EL Pesto + ½ TL zum Dekorieren
- 2 EL geröstete Pinienkerne + 1 TL zum Dekorieren
- 1 EL Quark zum Dekorieren
- Salz und Pfeffer aus der Mühle

1. Die Eier in einem Becher mit dem Schneebesen schaumig schlagen, anschließend mit der Sahne verschlagen, dabei nach und nach das Mehl und das Backpulver zugeben. Den Parmesan, das Pesto und die Pinienkerne unterrühren. Abschmecken, mischen und den Teig auf 6 kleine Tassen verteilen. In der Mikrowelle 1 Minute und 20 Sekunden backen.

2. 5–10 Minuten abkühlen lassen.

3. Den Quark mit dem restlichen Pesto mischen und die Mug Cakes damit überziehen. Mit einigen gerösteten Pinienkernen bestreuen.

TIPP: *Bei Mug Cakes, deren Zutaten Fett enthalten (Pesto, Rillettes, Käse …), ist die ansonsten empfohlene Zugabe von Öl überflüssig.*

Mug Cakes im Schatten des Feigenbaums

FEIGE UND ROHER SCHINKEN

Es ist wie bei Romeo und Julia:
Wenn Feige und roher Schinken zusammentreffen, funkt es!

Zubereitung: 5 Minuten
Backzeit: 1 Minute 20 Sek (800 W)
Für 6 kleine Tassen

- 2 Eier
- 4 EL Cremefine
- 2 EL Olivenöl
- 40 g Kastanienmehl
- 2 Msp. Backpulver
- 2 Scheiben roher Schinken, in feine Streifen geschnitten
- 4 getrocknete Feigen, gewürfelt
- 1 Schuss flüssiger Blütenhonig
- Salz und Pfeffer aus der Mühle

1. Die Eier in einer kleinen Schlüssel mit dem Schneebesen aufschlagen. Die Sahne, das Olivenöl, das Mehl und das Backpulver unter ständigem Rühren zugeben. Den rohen Schinken und die Feigen untermischen, abschmecken und die Mischung auf 6 kleine Tassen verteilen. Die Tassen in die Mikrowelle stellen und zuerst etwa 1 Minute backen, die Backzeit dann um 20 Sekunden verlängern.

2. Einige Tropfen Honig über jeden Mug Cake geben und diese 5–10 Minuten abkühlen lassen.

KLEINER KNIFF: Teig, der Backpulver enthält, lasse ich zuerst nur 1 Minute backen. So kann die Backzeit, die bei jedem Ofen etwas variiert, optimal angepasst werden, zudem wird vermieden, dass etwas überläuft!

ZUM APERITIF: Bieten Sie zu den Mug Cakes ein paar Dips an: Guacamole, Kräuterquark, Tomatensauce mit Paprika …

Mug Cakes zum fröhlichen Schweinchen

SCHINKEN, RILLETTES UND LA VACHE QUI RIT®

Der kulinarische Beweis für die vielfältigen Verwendungsmöglichkeiten von Schweinefleisch. Alles fein beim Schwein!

Zubereitung: 5 Min

Backzeit: 1 Min 45 Sek (800 W)

Für 6 kleine Tassen

- 3 EL Rillettes vom Schwein
- 2 Eier
- 4 Portionen Schmelzkäse La Vache qui rit®
- 40 g Mehl
- 3 EL Schinken, gewürfelt

1. Die Rillettes in eine kleine Schüssel geben und in der Mikrowelle 25 Sekunden erhitzen.

2. Die Eier über den zerlassenen Rillettes aufschlagen, mischen und den Schmelzkäse, das Mehl und den Schinken unterrühren. Die Mischung auf 6 kleine Tassen verteilen und in die Mikrowelle stellen. Etwa 1 Minute 20 Sekunden backen.

3. 5–10 Minuten abkühlen lassen.

ZUM APERITIF: Wählen Sie die Tassen sorgfältig aus, nehmen Sie eine Kaffeetasse für Einzelportionen und eine hohe Bechertasse, um den Cake nach dem Backen zu portionieren (ergibt etwa 4 Aperitif-Häppchen).

Mug Cakes mit der Extraportion Calcium

ST MORET®, PARMESAN UND MIMOLETTE

**Nur weil man nicht mehr im Wachstum ist,
sollte man sich keine dreifache Calciumration gönnen dürfen?**

Zubereitung: 5 Minuten

Backzeit: 1 Minute 30 Sek (800 W)

Für 6 kleine Tassen

• 2 Eier

• 50 g St Môret®

• 4 EL Crème fraîche

• 2 EL Parmesan, gerieben

• 40 g Mimolette, klein geschnitten

• 2 EL Schnittlauch, mit der Schere fein geschnitten

• Salz und Pfeffer aus der Mühle

1. Die Eier mit dem St Môret® und der Crème fraîche in einer kleinen Schüssel aufschlagen. Den Parmesan, den Mimolette und den Schnittlauch zugeben. Abschmecken und die Mischung auf 6 kleine Tassen verteilen, diese zu drei Vierteln füllen.

2. In der Mikrowelle etwa 1 Minute 30 Sekunden backen.

AUCH GUT: Einige Gewürze wie Paprika, Piment d'Espelette (Gourmet-Chili), Curry oder Cuminsamen harmonieren wunderbar mit den verwendeten Käsesorten. Keine Scheu also, die Mug Cakes damit zu bestreuen.

14

Mug Cakes mit reichlich Jod

TARAMA, KRABBEN UND GARNELEN

Der Mug Cake und das Meer … nein, „alt" sollte er in diesem Fall nicht sein …

Zubereitung: 5 Minuten

Backzeit: 1 Minute 10 Sek (800 W)

Für 6 kleine Tassen

- 2 Eiweiß
- 2 EL Ricotta
- 40 g Mehl
- ½ TL Backpulver
- 2 EL Tarama
- 4 EL gemischte Garnelen und Krabben aus der Dose
- Salz und Pfeffer aus der Mühle

1. Die Eiweiße in einer kleinen Schüssel mit dem Ricotta, dem Mehl und dem Backpulver aufschlagen. Das Tarama und die Garnelen-Krabbenmischung zugeben. Abschmecken und alles mischen.

2. Die Mischung auf 6 kleine Tassen verteilen und in die Mikrowelle stellen. Zuerst 1 Minute backen, anschließend die Backzeit um 10 Sekunden verlängern.

3. 5–10 Minuten abkühlen lassen.

HMM!: Die Mug Cakes sofort nach dem Backen mit 2 Esslöffeln Hummer-Bisque überziehen und dann abkühlen lassen.

WO FINDET MAN MINI-BECHER? Ganz einfach! Schauen Sie sich einmal in der Abteilung für Kindergeschirr um … sehr gut eignen sich auch kleine Kaffee- oder Espressotassen! What else?

Mug Tartiflettes

SPECK, KARTOFFELN UND REBLOCHON

Gute Nachricht: Mit diesem Rezept kann man das ganze Jahr über
eine Portion Tartiflette zubereiten, ohne dass die gesamte
Wohnung danach riecht!

Zubereitung: 10 Minuten
Backzeit: 1 Minute 35 Sek (800 W)
Für 6 kleine Tassen

• 50 g geräucherter Speck, in Streifen geschnitten

• 4 gekochte rote Kartoffeln

• 4 EL flüssige Sahne

• 2 EL Weißwein

• 5 TL getrocknete Röstzwiebeln

• 50 g Reblochon, klein geschnitten

• Salz und Pfeffer aus der Mühle

1. Den Speck in eine Schale geben und 35 Sekunden in der Mikrowelle erhitzen.

2. Die Kartoffeln schälen, in kleine Stücke schneiden und zusammen mit der Sahne und dem Weißwein mit dem Speck mischen. Mit Röstzwiebeln bestreuen, abschmecken und die Mischung auf 6 kleine Tassen verteilen. Mit Reblochonstückchen belegen.

3. In der Mikrowelle 1 Minute backen.

4. 5–10 Minuten abkühlen lassen.

KLEINER KNIFF: Stöbern Sie beim Trödler. Dort kann man die schönsten Sammelbecher auftreiben!

Mug Cakes vegetarisch

TOFU, SESAM UND SCHNITTLAUCH

**Cremig und 100 % pflanzlich:
Endlich etwas Sanftes in dieser rohen Welt!**

Zubereitung: 10 Minuten

Backzeit: 1 Minute 20 Sek (800 W)

Für 6 kleine Tassen

• 5 EL Seidentofu

• 2 EL Mandelmilch

• 2 TL Olivenöl

• 20 g Lupinenmehl

• ½ TL Sesamsamen

• 1 TL Schnittlauch, mit der Schere fein geschnitten + 1 TL zum Dekorieren

• Salz und Pfeffer aus der Mühle

1. Den Seidentofu mit der Mandelmilch und dem Olivenöl in einem Becher verschlagen. Nach und nach das Mehl, die Sesamsamen und den Schnittlauch zugeben. Abschmecken, erneut mischen und die Mischung auf 6 kleine Tassen verteilen, diese zu drei Vierteln füllen.

2. 40 Sekunden in der Mikrowelle erhitzen, mischen und weitere 40 Sekunden backen.

3. 5–10 Minuten abkühlen lassen und vor dem Servieren mit dem restlichen Schnittlauch bestreuen.

TIPP: Diesen Mug Cake kann man auch als Grundrezept verwenden und noch gekochtes Gemüse zugeben.

Mug Cakes, verloren auf einer einsamen Insel

SCHINKEN, ANANAS, KOKOS UND ROSINEN

Einladung zu einem Express-Rezept, ohne Zwischenstopp zu genießen!

Zubereitung: 5 Minuten
Backzeit: 1 Minute 20 Sek (800 W)
Für 6 kleine Tassen

- 2 Eier
- 2 EL Olivenöl
- 5 EL Kokosmilch
- 3 TL Maisgrieß (Polenta)
- 4 EL Ananasstücke aus der Dose
- 50 g Schinkenwürfel (vom Endstück)
- 2 TL Rosinen
- 2 TL Koriandergrün, mit der Schere fein geschnitten
- Salz und Pfeffer aus der Mühle

1. Die Eier mit dem Olivenöl und der Kokosmilch in einer kleinen Schüssel verquirlen. Den Maisgrieß darüber streuen und untermischen. Die Ananasstücke und den Schinken, die Rosinen und das Koriandergrün unterrühren. Abschmecken, erneut verrühren und die Mischung auf 6 kleine Tassen verteilen. In der Mikrowelle 1 Minute und 20 Sekunden backen.

2. 5–10 Minuten abkühlen lassen.

KLEINER KNIFF: Damit die Mug Cakes noch fluffiger werden, beim Backen jeweils mit einer Untertasse abdecken.

Mit Gewürzen und Gewürzkräutern
lassen sich Mug Cakes
ganz wunderbar verzieren und
aromatisieren!

Gewürze immer vor Licht, Wärme und Feuchtigkeit geschützt aufbewahren und nach Möglichkeit frische Kräuter wählen: Basilikum, Minze, Petersilie, Schnittlauch und Thymian kann man sehr gut selbst ziehen! Falls Sie keine frischen Kräuter zur Verfügung haben, verwenden Sie besser tiefgefrorene als gefriergetrocknete Kräuter.

Mug Cake à la Popeye

SPINAT UND RICOTTA

Ein Tippfehler hat den Eisengehalt von Spinat verzehnfacht. Dieses Märchen hielt sich jahrelang und Sie erfahren es erst jetzt … dank dieser Mug Cakes!

Zubereitung: 5 Minuten

Backzeit: 3 Minuten 30 Sek (800 W)

Für 1 Person

- 90 g TK-Spinat, gehackt
- 25 g Ziegenfrischkäse
- 25 g Ricotta
- 1 Ei
- 2 TL Maisgrieß (Polenta)
- 1 TL Sesamsamen + 1 Prise zum Dekorieren
- 1 EL flüssige Schlagsahne zum Dekorieren
- Salz und Pfeffer aus der Mühle

1. Den Spinat in einen Becher geben und in der Mikrowelle etwa 2 Minuten auftauen lassen.

2. Den Ziegenfrischkäse und den Ricotta mit in den Becher geben und kräftig verrühren, das Ei über dieser Mischung aufschlagen. Erneut mischen und dabei den Maisgrieß und die Sesamsamen einstreuen. Salzen, pfeffern und in der Mikrowelle etwa 1 Minute und 30 Sekunden backen.

3. 5–10 Minuten abkühlen lassen. Die Sahne mit dem restlichen Sesam aufschlagen und den Mug Cake damit dekorieren.

SCHON GEWUSST? Spinat enthält nicht mehr Eisen als Eier oder Hülsenfrüchte. Dafür steckt in den Blättern viel Beta-Carotin, eine gute Nachricht, wenn der Sommer vor der Tür steht!

Mug Cake des schlauen Seemanns!

THUNFISCH, TOMATENSAUCE UND THYMIAN

Nur noch eine Dose Thunfisch und etwas Tomatensauce im Vorratsschrank? Kein Grund zu verzweifeln: Mit diesem Rezept kommt das Lächeln zurück …

Zubereitung: 5 Minuten

Backzeit: 1 Minute 30 Sek (800 W)

Für 1 Person

• 1 Eiweiß

• 2 EL Tomatensauce + 1 EL zum Dekorieren

• 1 EL Olivenöl

• 4 EL fettarme Milch

• 1 ½ EL Maisstärke

• 1 Msp. Backpulver

• 1 ½ EL Thunfisch natur aus der Dose, zerpflückt

• ½ EL Parmesan, gerieben

• 2 Prisen frischer Thymian + 1 Prise zum Dekorieren

• Salz und Pfeffer aus der Mühle

1. Das Eiweiß mit der Tomatensauce und dem Olivenöl in einem Becher verschlagen. Die Milch, die Stärke und das Backpulver unter ständigem Rühren zugeben. Den Thunfisch, den Parmesan und den Thymian unterrühren, anschließend abschmecken. Den Becher in die Mikrowelle stellen und 1 Minute backen, anschließend die Backzeit um etwa 30 Sekunden verlängern.

2. 5–10 Minuten abkühlen lassen und mit einem Esslöffel Tomatensauce mit Thymian überziehen.

GRUNDREGELN: Die Backzeit immer auf die jeweilige Mikrowelle und den persönlichen Geschmack abstimmen. Den Mug Cake immer mindestens 5 Minuten abkühlen lassen. So kann er seine Garzeit in aller Ruhe beenden. Direkt aus der Mikrowelle ist er zudem noch zu heiß.

Mug Cake siegreiches Trio

ROQUEFORT, BIRNEN UND WALNÜSSE

**Der Roquefort liebt die Birne, die Birne liebt Walnüsse,
Walnüsse lieben den Roquefort und dieser wiederum liebt Walnüsse …**

Zubereitung: 5 Minuten
Backzeit: 1 Minute 50 Sek (800 W)
Für 1 Person

• 30 g Butter

• 1 Ei

• 20 g Maisstärke

• 1 EL Milch

• 25 g Roquefort, in kleine Stücke
geschnitten + 1 TL zum Dekorieren

• ½ sehr reife Birne, geschält und
gewürfelt

• 4 Walnusskerne, grob gehackt

• Salz und Pfeffer aus der Mühle

1. Die Butter in kleine Stücke schneiden und in einem Becher 20 Sekunden in der Mikrowelle zerlassen.

2. Das Ei über der zerlassenen Butter aufschlagen und verquirlen. Unter Rühren die Stärke und die Milch zugeben. Den Käse und die Birne unterrühren. Die Walnusskerne über die Mischung streuen. Abschmecken und alles kurz verrühren.

3. In der Mikrowelle etwa 1 Minute und 30 Sekunden backen. Etwas Roquefort über dem Becher zerkrümeln und 10 Sekunden in der Mikrowelle schmelzen lassen.

4. 5–10 Minuten abkühlen lassen.

KLEINER KNIFF: Mehl oder Maisstärke - entscheiden Sie selbst. Der Mug Cake bekommt mit Stärke zubereitet eine weichere Konsistenz, mit Mehl wird er etwas fester.

Mug Cake aus dem Wald

PILZE UND ESSKASTANIEN

**Viele Pilze aus Wald und Flur sind geeignet,
nur die roten mit den weißen Punkten lassen Sie bitte stehen!**

Zubereitung: 5 Minuten

Backzeit: 1 Minute 40 Sek (800 W)

Für 1 Person

- 30 g Butter
- 1 Ei
- 20 g Mehl
- 2 EL Cremefine
- 1 TL TK-Persillade, alternativ gehackte Petersilie und Knoblauch vermischt + 1 TL zum Dekorieren
- 1 EL Steinpilze aus der Dose, in dünne Scheiben geschnitten
- 1 EL Champignons, blättrig geschnitten
- 2 Maronen aus der Dose, klein geschnitten
- Salz und Pfeffer aus der Mühle

1. Die Butter in kleine Stücke schneiden und in einem Becher in der Mikrowelle 20 Sekunden zerlassen.

2. Das Ei über der zerlassenen Butter aufschlagen und verquirlen. Unter Rühren das Mehl und die Sahne zugeben. Die Persillade, die Steinpilze und die Champignons zugeben. Abschmecken, die Maronen unterrühren und in der Mikrowelle etwa 1 Minute 20 Sekunden backen.

3. 5–10 Minuten abkühlen lassen und mit Persillade bestreuen.

ZAUBERUTENSIL: *Kaufen Sie sich einen Mini-Schneebesen. Er ist deutlich praktischer und wirkungsvoller als eine Gabel und wird Ihnen auch beim Emulgieren von Saucen gute Dienste erweisen.*

Mug Cake aus dem Gemüsegarten, mit kleinen Gästen

RATATOUILLE, FRISCHKÄSE UND SCHNECKEN

Aber ja, Schnecken in einem Becher!
Das schmeckt ausgezeichnet und im Gemüsegarten kommen sie reichlich vor!

Zubereitung: 5 Minuten
Backzeit: 1 Minute 20 Sek (800 W)
Für 1 Person

- 1 Ei
- 2 EL Brousse (Ziegenfrischkäse)
- 10 g Mehl
- 80 g Ratatouille
- 4 Schnecken aus der Dose, kleingeschnitten
- 1 EL Mandelblättchen
- ½ TL Minze, mit der Schere fein geschnitten
- Salz und Pfeffer aus der Mühle

1. Das Ei mit dem Frischkäse in einem Becher verschlagen. Das Mehl zugeben und mischen, bis die Masse homogen ist. Das Ratatouille, die Schnecken und die Mandelblättchen unterrühren, abschmecken und in der Mikrowelle etwa 1 Minute 20 Sekunden backen.

2. 5–10 Minuten abkühlen lassen und vor dem Servieren mit der Minze bestreuen.

WELCHE LEBENSMITTEL DÜRFEN NICHT IN DIE MIKROWELLE?
Abgesehen von ganzen Eiern, die explodieren könnten, sind praktisch alle Verrücktheiten erlaubt! Vermeiden sollten Sie jedoch Schnecken in der Schale. Und überprüfen Sie, dass Ihre Becher auch wirklich mikrowellentauglich sind.

Mug Cake nach Bauernart

HUHN, TOMATEN UND MAIS

**Auf einem Bauernhof findet man Kühe, Gänse und Kaninchen …
aber das ist längst nicht alles!**

Zubereitung: 5 Minuten
Backzeit: 1 Minute 30 Sek (800 W)

Für 1 Person

- 1 Ei
- 1 EL flüssige Sahne
- 1 EL Tomatensauce
- 1 EL Olivenöl
- 20 g Mehl
- 1 Msp. Backpulver
- 25 g Mais, gekocht
- 30 g gebratenes Hähnchenfilet, klein geschnitten
- Salz und Pfeffer aus der Mühle

1. Das Ei in einen Becher aufschlagen und mit der Sahne und der Tomatensauce verschlagen. Unter Rühren das Olivenöl zugeben, bis die Masse homogen wird. Das Mehl und das Backpulver zugeben und erneut mischen.

2. Den Mais und das Hähnchenfleisch zugeben und abschmecken. Ein letztes Mal mischen und den Becher in die Mikrowelle stellen. 1 Minute backen, anschließend die Backzeit um etwa 30 Sekunden verlängern.

3. 5–10 Minuten abkühlen lassen.

TIPP: Die Teigmischung für einen Mug Cake vor dem Backen immer gut mischen, damit er schön aufgeht und homogen ist.

Keine Zeit zum Kochen?
Mug Cakes sind eine leckere
Mahlzeit und in Rekordzeit
zuzubereiten.

Kochen in der Mikrowelle
ist eine effiziente und schnelle
Möglichkeit, eilige Feinschmecker
zufriedenzustellen.

Erlaubt sind fast alle Becher: Wählen Sie Becher mit Henkel, aus Porzellan, Glas oder Pyrex®, achten Sie immer auf Vergoldungen, denn Metall und Mikrowelle sind nicht kompatibel.

Frühlings-Mug Clafoutis

SPARGEL UND PARMASCHINKEN

Warum sollte eine hübsche Spargelstange sich nicht in einen schönen
Schinken verlieben dürfen … Noch dazu, wenn der aus Parma stammt!

Zubereitung: 5 Minuten
Backzeit: 1 Minute 30 Sek (800 W)
Für 1 Person

- 1 Ei
- 2 EL Crème fraîche
- 20 g Ziegenfrischkäse
- 10 g Maisstärke
- 5 kleine grüne Spargelstangen aus dem Glas, klein geschnitten
- 1 Scheibe Parmaschinken, in dünne Streifen geschnitten
- ½ TL Mohnsamen
- 1 Prise Kräuter der Provence
- Salz und Pfeffer aus der Mühle

1. Das Ei trennen. Das Eiweiß zu festem Eischnee schlagen, das Eigelb mit der Crème fraîche, dem Ziegenkäse und der Stärke verschlagen. Den Eischnee vorsichtig unterheben, dann den Spargel, den Parmaschinken und die Mohnsamen zugeben. Abschmecken, mischen und in der Mikrowelle etwa 1 Minute 30 Sekunden backen.

2. Mit den Kräutern der Provence bestreuen und 5–10 Minuten abkühlen lassen.

TIPP: *Bei einem Mug Cake können Sie ein Ei immer durch 2 Esslöffel Naturjoghurt ersetzen.*

Mug-Croque-Cake – für Madame!

SCHINKEN, KÄSE UND EI

Um einen Croque-Monsieur zuzubereiten, brauchte man
früher ein spezielles Gerät … aber das war früher!

Zubereitung: 5 Minuten

Backzeit: 1 Minute 30 Sek (800 W)

Für 1 Person

- 3 EL Crème fraîche
- 2 EL Parmesan, gerieben
- 1 Schinkenscheibe, in dünne Scheiben geschnitten
- 1–2 Scheiben Toastbrot, je nach Tassengröße
- 1 Ei
- 2 Prisen Gruyère, gerieben
- Salz und Pfeffer aus der Mühle

1. Die Crème fraîche mit dem Parmesan in einem Becher mischen. Abschmecken, den Schinken zugeben und wieder mischen. Die Toastbrotscheiben, einander gegenüber, am Becherrand entlang in die Mischung tauchen. Das Brot, je nach Tassengröße, eventuell teilen, bzw. so zuschneiden, dass es in die Tasse passt. Das Ei zwischen den Brotscheiben aufschlagen und mit Gruyère bestreuen.

2. Salzen, pfeffern und in der Mikrowelle 1 Minute backen, anschließend die Backzeit um etwa 30 Sekunden verlängern.

3. 5–10 Minuten abkühlen lassen.

MEIN I-TÜPFERL: Ich löse den Mug-Croque aus dem Becher und serviere ihn wie in einer Brasserie auf einem Feldsalatbett.

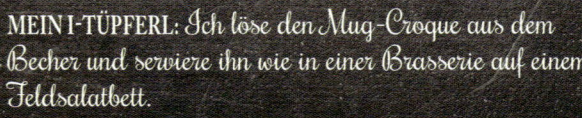

Mug Flammekueche

SPECK, ZWIEBELN UND CREME FRAICHE

Sie trauen sich nicht, ihn auszuprobieren, weil sein Name so unaussprechlich ist?
In der Familie der Mug Cakes spricht man ohnehin nicht mit vollem Mund!

Zubereitung: 5 Minuten

Backzeit: 1 Minute 50 Sek (800 W)

Für 1 Person

- 25 g geräucherter Speck, gewürfelt
- 10 g Zwiebel, in dünne Scheiben geschnitten
- 1 Eigelb
- 2 EL Naturjoghurt
- 1 ½ EL Crème fraîche
- 20 g Mehl
- 1 Prise Muskatnuss, gemahlen
- Salz und Pfeffer aus der Mühle

1. Speck und Zwiebel in einem Becher 20 Sekunden in der Mikrowelle erhitzen.

2. Das Eigelb, den Joghurt und die Crème fraîche zugeben. Mit dem Mehl bestäuben, die Muskatnuss darüberstreuen und alles verschlagen. Abschmecken und in der Mikrowelle etwa 1 Minute 30 Sekunden backen.

3. 5–10 Minuten abkühlen lassen.

LEICHTERE VARIANTE: Den Naturjoghurt durch Magerquark ersetzen.

ULTRASCHNELL: Lässt sich auch gut mit getrockneten Röstzwiebeln zubereiten.

Mittwochs-Mug-Cake, auch das ist erlaubt!

SCHINKEN, HÖRNCHENNUDELN UND GERIEBENER GRUYÈRE

Das ist sogar mehr als erlaubt, es ist sozusagen lebenswichtig! Oder haben Sie zwischen Judokurs, Musikunterricht, Hausaufgaben und Einkaufen vielleicht Zeit, ein Abendessen zu kochen?

Zubereitung: 5 Minuten

Backzeit: 1 Minute 20 Sek (800 W)

Für 1 Person

- 1 EL Mascarpone
- 1 EL flüssige Sahne
- 1 Ei
- 20 g Mehl
- 6 EL gekochte Hörnchennudeln
- ½ Scheibe Schinken, in dünne Streifen geschnitten
- 1 EL Gruyère, gerieben
- Salz und Pfeffer aus der Mühle

1. Den Mascarpone mit der Sahne in einem Becher verschlagen. Das Ei zugeben und weiterschlagen. Das Mehl untermischen, dann die Hörnchennudeln und den Schinken unterrühren. Erneut mischen, abschmecken, mit dem Käse bestreuen und in der Mikrowelle etwa 1 Minute 20 Sekunden backen.

2. 5–10 Minuten abkühlen lassen.

Mug Cake Karottenkopf

KAROTTEN, ORANGE, HASELNÜSSE UND CUMIN

Dieser Becher ist blau wie eine Orange oder vielleicht doch eher orangefarben wie eine Haselnuss?

Zubereitung: 5 Minuten

Backzeit: 1 Minute 45 Sek (800 W)

Für 1 Person

- 20 g Butter
- 1 Ei
- 20 g Mehl
- 1 ½ EL Crème fraîche
- 1 TL Orangensaft
- 40 g Karotten aus der Dose, klein geschnitten
- 10 Haselnüsse, grob gehackt + 3 zum Dekorieren
- 2 Prisen Cumin
- Salz und Pfeffer aus der Mühle

1. Die Butter klein schneiden und in einem Becher in der Mikrowelle 20 Sekunden zerlassen.

2. Das Ei über der zerlassenen Butter aufschlagen und beides verschlagen. Das Mehl, die Crème fraîche und den Orangensaft unter kräftigem Rühren zugeben. Die Karotten und Nüsse unterrühren. Mit Cumin bestreuen, salzen, pfeffern und erneut mischen.

3. Den Becher in der Mikrowelle 1 Minuten 25 Sekunden backen und 5–10 Minuten abkühlen lassen.

4. Mit grob gehackten Haselnüssen bestreuen.

FÜR EIN OPTIMALES BACKERGEBNIS immer darauf achten, die Tasse genau in die Mitte der Mikrowelle zu stellen. Testen Sie auch einmal die Möglichkeiten Ihres Geräts: Sanfteres Backen bei nur 600 W und unterteilt in dreimal 30 Sekunden ergibt einen noch fluffigeren Mug Cake. Man kann es nicht oft genug wiederholen: Jede Mikrowelle ist anders!

Ein klassischer Becher mit 300 ml Inhalt verhindert, dass etwas über den Rand läuft, während Sie bei einem kleineren Becher einen hoch aufgegangenen Cake bekommen.

Bedenken Sie auch, dass alle Mug Cakes aus dem Becher genommen und mit Saucee angerichtet werden können!

Die Zutaten immer sehr fein
schneiden, damit sie nicht auf
den Tassenboden sinken.

Sie können die schwersten
Zutaten auch erst nach
25 Sekunden Backzeit
zugeben und vorsichtig
untermischen.

Mug Cake Made in France

KNOBLAUCHWURST UND KÖRNIGER SENF

Wurst, Senf, Olivenöl … Jetzt nur noch eine Baskenmütze aufsetzen und diesen Mug Cake mit Baguette genießen!

Zubereitung: 5 Minuten

Backzeit: 1 Minute 25 Sek (800 W)

Für 1 Person

- 1 Ei
- 2 EL Cremefine + 2 EL zum Dekorieren
- ½ EL Olivenöl
- 15 g Maisstärke
- 1 Msp. Backpulver
- 1 TL körniger Senf + ½ TL zum Dekorieren
- 2 Scheiben Knoblauchwurst, klein geschnitten
- 3 Stängel Schnittlauch, mit der Schere fein geschnitten
- Salz und Pfeffer aus der Mühle

1. Das Ei in einem Becher verquirlen. Unter ständigem Rühren die Sahne, das Olivenöl, die Stärke und das Backpulver zugeben. Den Senf und die Knoblauchwurst unterrühren, abschmecken. Mit Schnittlauch bestreuen, den Becher in die Mikrowelle stellen und etwa 1 Minute backen, anschließend die Backzeit um 25 Sekunden verlängern.

2. 5–10 Minuten abkühlen lassen, dann den Mug Cake mit einer Mischung aus Crème fraîche und körnigem Senf überziehen.

AUCH GUT: Mit Crème légère überziehen – sie hat nur 15% Fettgehalt.

Mug Cake wie im Périgord

ENTE, KARTOFFELN UND WALNÜSSE

**Dieses Rezept ist nur beinahe als *light* zu bezeichnen,
denn bekanntlich liebt man im Périgord ausschließlich Gutes!**

Zubereitung: 5 Minuten

Backzeit: 1 Minute 30 Sek (800 W)

Für 1 Person

- 2 kleine gekochte Kartoffeln
- 1 Ei
- 1 EL Milch
- 1 EL Crème fraîche
- 2 EL geräucherte Entenbrust, gewürfelt
- 6 Walnusskerne, grob gehackt
- 1 EL Schnittlauch, mit der Schere fein geschnitten
- Salz und Pfeffer aus der Mühle

1. Die Kartoffeln schälen und klein schneiden, in einen Becher geben und mit dem Ei, der Milch, der Crème fraîche und der geräucherten Entenbrust mischen. Die Walnüsse zugeben und abschmecken. In der Mikrowelle etwa 1 Minute 30 Sekunden backen.

2. 5–10 Minuten abkühlen lassen, dann mit Schnittlauch bestreuen.

DAZU PASST: *Rucola mit Walnussöl, Kirschtomaten und – warum nicht – eine Scheibe Foie gras, um beim Thema zu bleiben!*

Mug Cake aus der Normandie (aber ohne Calvados …)

ANDOUILLE, CAMEMBERT UND APFEL

Bisher hatte die Normandie den Mont-Saint-Michel und die Tarte Tatin, jetzt hat sie auch noch einen Mug Cake: Wenn das kein Erfolg ist!

Zubereitung: 5 Minuten
Backzeit: 1 Minute 30 Sek (800 W)
Für 1 Person

- 1 Ei
- 2 EL Cremefine
- 20 g Mehl
- 1 Msp. Backpulver
- ¼ Apfel, gewürfelt + 1 etwas geraspelten Apfel zum Dekorieren
- 2 Scheiben Andouille de Vire (Wurst aus Innereien), in dünne Streifen geschnitten
- 20 g Camembert, in Scheiben geschnitten
- Salz und Pfeffer aus der Mühle

1. Das Ei in einem Becher mit der Sahne, dem Mehl und dem Backpulver verschlagen. Den Apfel und die Wurst unterrühren. Abschmecken, mischen und mit den Camembertscheiben belegen.

2. In der Mikrowelle etwa 1 Minute 30 Sekunden backen und 5–10 Minuten abkühlen lassen.

3. Ein Stück Apfel darüber raspeln.

MEIN I-TÜPFERL: Unter allen Umständen mit einer Schale Cidre genießen! Oder auch zwei …

Mug Cake Korsika

KASTANIENMEHL, BROCCIU UND SCHWARZE OLIVEN

Schließen Sie die Augen und lassen Sie Ihre Fantasie spielen ...
Sie sind beinahe dort, spüren Sie nicht bereits den Sand unter Ihren Füßen?

Zubereitung: 5 Minuten
Backzeit: 1 Minute 20 Sek (800 W)
Für 1 Person

- 1 Ei
- 2 EL Olivenöl
- 2 EL Brocciu
- 20 g Kastanienmehl
- 1 Msp. Backpulver
- 4 schwarze Oliven, klein geschnitten
- 1 EL Minze, mit der Schere fein geschnitten
- Salz und Pfeffer aus der Mühle

1. Das Ei in einem Becher mit dem Olivenöl und dem Käse verschlagen. Das Mehl und das Backpulver zugeben, mischen und anschließend die Oliven und die Minze zugeben.

2. Abschmecken und in der Mikrowelle 1 Minute 20 Sekunden backen.

3. 5–10 Minuten abkühlen lassen.

SCHON GEWUSST: Der Brocciu ist ein korsischer Schafskäse. Sie können ihn eventuell durch Brousse oder Ricotta ersetzen.

Mug Cake auf belgische Art

BIER, CHEDDAR UND SCHINKEN

Servieren Sie diesen Mug Cake mit einer Tüte Pommes, das dürfte ja wohl klar sein!

Zubereitung: 5 Minuten
Backzeit: 1 Minute 30 Sek (800 W)

Für 1 Person

- 1 Ei
- 1 EL Cremefine
- 1 EL geschmacksneutrales Öl
- 10 g Mehl
- 1 Msp. Backpulver
- 1 EL Bier
- 1 Scheibe Schinken, in dünne Streifen geschnitten
- 25 g Cheddar, in Stücke geschnitten + 1 kleine Scheibe zum Dekorieren
- Salz und Pfeffer aus der Mühle

1. Das Ei in einem Becher mit der Sahne und dem Öl aufschlagen. Unter Rühren das Mehl und das Backpulver zugeben. Das Bier nach und nach unterrühren, anschließend den Schinken und den Cheddar zugeben. Abschmecken und erneut mischen. In der Mikrowelle 1 Minute backen, anschließend die Backzeit um etwa 30 Sekunden verlängern.

2. 5–10 Minuten abkühlen lassen.

3. Eine kleine Scheibe Cheddar oben auf den Mug Cake legen und in der Mikrowelle 10 Sekunden schmelzen lassen.

DER TEIG FÜR MUG CAKES KANN IM VORAUS ZUBEREITET WERDEN. Allerdings sollten Mug Cakes nicht zu lange im Voraus gebacken werden, da sie sonst trocken werden. Ein fertig gebackener Mug Cake wird niemals wieder aufgewärmt!

Mug Cake Bella Italia

SARDINEN, POLENTA, RICOTTA UND OREGANO

Sie leben nicht in Florenz? Sie haben keine Italienerin und keinen Italiener geheiratet? Dann ist dieser Mug Cake Ihre letzte Rettung …

Zubereitung: 5 Minuten

Backzeit: 1 Minute 20 Sek (800 W)

Für 1 Person

• 1 Ei

• 1 EL Ricotta

• 1 ½ TL Maisgrieß (Polenta)

• 30 g Sardinenfilet mit Zitrone aus der Dose

• 1 Prise Oregano

• etwas Zitronenschale, abgerieben

• Salz und Pfeffer aus der Mühle

1. Das Ei mit dem Ricotta und dem Maisgrieß in einem Becher schlagen. Die Sardinenfilets zugeben und sie beim Verrühren mit der Mischung zerdrücken. Oregano und Zitronenschale darüberstreuen, abschmecken und erneut mischen.

2. In der Mikrowelle 1 Minute 20 Sekunden backen und anschließend 5–10 Minuten abkühlen lassen.

VARIANTEN: Ob mit Zitrone, in Öl, mit Tomate oder Kräutern der Provence, alle Arten von Dosensardinen sind geeignet.

Mug Cake – ziemlich spanisch, olé!

CHORIZO, MEERESFRÜCHTE UND SAFRAN

Kommen Sie schon, eine kleine Tasse Paella werden Sie sich doch genehmigen?

Zubereitung: 5 Minuten

Backzeit: 1 Minute 30 Sek (800 W)

Für 1 Person

- 1 Ei
- 2 EL Crème fraîche
- 1 Msp. Safran
- 12 g Mehl
- 1 gute Msp. Backpulver
- 20 g milde Chorizo, klein geschnitten
- 35 g gemischte Meeresfrüchte (Muscheln, Tintenfische, Garnelen), vakuumverpackt oder aus dem Glas
- 3 EL gekochter Reis
- Salz und Pfeffer aus der Mühle

1. Das Ei in einen Becher aufschlagen und mit der Crème fraîche schlagen.

2. Den Safran, das Mehl und das Backpulver unter Rühren zugeben, so dass eine völlig homogene Masse entsteht. Die Wurst, die Meeresfrüchte und den Reis unterrühren. Abschmecken, erneut mischen und in der Mikrowelle etwa 1 Minute 30 Sekunden backen.

3. 5–10 Minuten abkühlen lassen.

Mug Cake mexikanische Art

GETROCKNETE TOMATEN, ROTE BOHNEN, HÄHNCHENFLEISCH

**Werden Sie innerhalb von 5 Minuten zum Mariachi
und setzen Sie Ihren Sombrero auf!**

Zubereitung: 5 Minuten
Backzeit: 1 Minute 20 Sek (800 W)
Für 1 Person

- 1 Ei
- 1 EL flüssige Sahne
- 2 EL Olivenöl
- 20 g Quinoa-Mehl
- 1 Msp. Backpulver
- 30 g gekochtes Hähnchenfleisch, gewürfelt
- 3 getrocknete Tomaten, klein geschnitten
- 1 EL rote Bohnen aus der Dose
- 1 EL Erdnüsse, grob gehackt
- 1 Msp. Cayennepfeffer
- Salz und Pfeffer aus der Mühle

1. Das Ei in einen Becher aufschlagen und mit der Sahne und dem Olivenöl verschlagen. Das Mehl und das Backpulver untermischen, dann die Fleischwürfel, die getrockneten Tomatenstücke, die roten Bohnen und die Erdnüsse zugeben.

2. Mit dem Cayennepfeffer bestäuben, abschmecken und in der Mikrowelle 1 Minute 20 Sekunden backen.

3. 5–10 Minuten abkühlen lassen.

MEIN I-TÜPFERL: Ich reiche zu diesem Mug Cake Guacamole, damit bleibe ich elegant im Thema (ein Tequila ist eine weitere Option)!

Mug Cake thailändisch

ENTE, ORANGE UND INGWER

**Ein neu interpretierter Klassiker mit einem Hauch von Exotik,
Ihre Mikrowelle wird sich freuen!**

Zubereitung: 5 Min
Backzeit: 1 Min 30 Sek (800 W)
Für 1 Person

- 1 Ei
- 1 EL Olivenöl
- 2 EL Crème fraîche + 1 EL zum Dekorieren
- 1 EL Orangensaft
- 20 g Mehl
- 1 Msp. Backpulver
- 1 TL flüssiger Honig
- 2 EL geräucherte Entenbrust, klein geschnitten
- 1 TL kandierte Orangenschalen
- 1 Msp. Ingwer
- 1 TL Koriandergrün, mit der Schere fein geschnitten
- Sojasauce zum Dekorieren
- Salz und Pfeffer aus der Mühle

1. Das Ei in einem Becher mit dem Olivenöl, der Crème fraîche und dem Orangensaft verschlagen. Das Mehl und das Backpulver zugeben, mischen und den Honig zugeben.

2. Abschmecken, das Entenfleisch und die kandierten Orangenschalen zugeben, mischen, mit dem Ingwer bestäuben und mit dem Koriandergrün bestreuen. Umrühren und in der Mikrowelle 1 Minute 30 Sekunden backen.

3. Die Crème fraîche mit 3 Tropfen Sojasauce mischen und den Mug Cake damit dekorieren.

4. 5–10 Minuten abkühlen lassen.

MEIN I-TÜPFERL: *Bereiten Sie Ihre Mug Cakes in durchsichtigen Bechern zu. Extrem chic!*

Mug Cake – einmal „brunchig"

BACON, WÜRSTCHEN UND EI

Zieh keinen Flunsch, setz dich zum Brunch!
Hier kommt ein Mug ganz nach deinem Geschmack!

Zubereitung: 5 Minuten
Backzeit: 1 Minute 20 Sek (800 W)
Für 1 Person

- 3 EL flüssige Sahne
- 1 Eigelb
- 1 EL Milch
- 4 Würstchen Knacki Balls Herta®, alternativ andere kleine runde Cocktailwürstchen
- 1 Scheibe Bacon
- 1 ganzes Ei
- 1 TL Ketchup
- 1 Scheibe Toastbrot
- Salz und Pfeffer aus der Mühle

1. Die Sahne mit dem Eigelb und der Milch in einem Becher mischen. Die Haut der Würstchen mit einem Zahnstocher einstechen und zu der Mischung geben, abschmecken und mit dem Bacon belegen. Das ganze Ei darüber aufschlagen, mit einer Untertasse abdecken und in der Mikrowelle 1 Minute 20 Sekunden backen.

2. 5–10 Minuten abkühlen lassen, etwas Ketchup darauf geben und mit einer getoasteten Toastbrotscheibe servieren.

SCHON GEWUSST? *Das Wort Brunch ist eine Kombination aus den Worten Breakfast (Frühstück) und Lunch (Mittagessen).*

Impressum

HEEL Verlag GmbH
Gut Pottscheidt
53639 Königswinter
Tel.: 02223 9230-0
Fax: 02223 9230-13
E-Mail: info@heel-verlag.de
Internet: www.heel-verlag.de

© der deutschen Ausgabe: 2015 HEEL Verlag GmbH

© der Originalausgabe: Larousse 2014

Danksagung der Autorin: „Vor allem danke ich Isabelle, Ghislaine, Agnès, Coralie und Julie, die dieses Projekt ins Leben gerufen haben."

Danksagung der Foodstylistin: Vielen Dank an Samsung für die Kombi-Mikrowelle mit Slim Fry-Funktion: www.samsung.com ;
Bloomingville: www.bloomingville.com; Benetton: http://fr.benetton.com; Petit Pan: www.petitpan.com; Merci: www.merci-merci.com/fr;
Seletti: www.seletti.it/index.php; Hemma: www.hema.fr ; Le Jacquard Français: www.le-jacquard-francais.fr; Variopinte: www.variopinte.com

Original-Titel: Élise Delprat-Alvares: Mug cakes salés au micro-ondes
Original-ISBN: 978-2-03-590085-2

Bildnachweis:
Fotografie: © Fabrice Besse
Foodstyling: Julie Soucail
Redaktion: Agnès Busière
Layout: Mathilde Delattre-Josse

Deutsche Ausgabe:
Übersetzung aus dem Französischen: Christa Trautner-Suder
Satz: Axel Mertens
Lektorat: Christine Birnbaum

Printed in Romania

ISBN 978-3-95843-116-4